Heidi Knoblich
Alle warten auf das Lebkuchenweiblein

Heidi Knoblich

Alle warten auf das Lebkuchenweiblein

Eine Weihnachtsgeschichte aus dem Schwarzwald
Illustriert von Martina Mair

Alle warten auf das Lebkuchenweiblein

Eine Weihnachtsgeschichte aus dem Schwarzwald

»Wisst ihr, was das Schönste an Weihnachten ist? Wenn das Lebkuchenweiblein kommt und Lebkuchen bringt. Feinen Todtmooser Lebkuchen, mit einer Mandel in der Mitte.« Jakob sagte das immer. Er lebte vor langer Zeit in der kleinen Stadt hinter dem großen Wald. Doch einmal wäre das Lebkuchenweiblein ums Haar nicht gekommen.

Es war in dem Jahr, in dem in der letzten Novembernacht hoch über den Bergen ein heftiger Sturm tobte. Die Leute im Tal spürten nur etwas Wind. Doch auf den Bergen fegte der Sturm über die Dächer hinweg und rüttelte so fest an den Dachbalken, dass sie ächzten und knarrten. Er heulte so erbärmlich um die Ecken des alten Hauses in Todtmoos, dass alle, die darin wohnten, Ida und ihre Familie nämlich, vor lauter Angst, er würde das ganze Dach davonblasen, nicht schlafen konnten. Und er pfiff so fest durch alle Spalten und Ritzen, dass die Kerze

auf dem Küchentisch, um den sie alle saßen, auf einmal erlosch. Noch in dieser Nacht fing es zu schneien an wie noch nie zuvor. Zumindest konnte sich niemand daran erinnern, dass es jemals Anfang Dezember so geschneit hätte. Es schneite und schneite, dass schon am Morgen darauf die Wege und die Gärten im Schnee versanken und alle Kamine und der große und der kleine Zwiebelturm der Kirche auf einmal riesige Schneemützen trugen.

Und als der Nikolaustag schon vorüber war, schneite es noch immer. Da stand Ida eines Morgens am Küchenfenster der Großmutter und stellte ihr die Frage, die sie seit Tagen plagte: »Du nimmst mich doch wirklich mit, Großmutter, nicht wahr? Du hast es versprochen!«

Die Großmutter schwieg.

»Du hast gesagt, dass ich dich begleiten darf, wenn ich so groß bin, dass ich über den Küchentisch sehen kann.«

Die Großmutter nickte stumm. Sie wusste, wie gefährlich es war, jetzt über die Berge zu gehen. Niemand wusste es besser als sie.

Idas Großmutter war nämlich das Lebkuchenweiblein. Alle Jahre Anfang Dezember zog sie als Vorbote des Christkinds mit Körben voll Lebkuchen von Haus zu Haus und läutete damit die Weihnachtszeit ein. Und weil sie für jeden auch noch ein gutes Wort übrighatte, trösten und Ratschläge erteilen konnte, war sie ein gern gesehener Gast in den Stuben im Tal.

Längst schon hätte sie sich auf den Weg machen müssen. Doch vor ihrem Küchenfenster trieb der Wind noch immer

Schneeflocken vor sich her und wirbelte sie durcheinander. Tausende Schneeflocken zählte Ida, obwohl sie noch nicht einmal bis Tausend zählen konnte.

»Abertausende!«, seufzte die Großmutter, zog sich ihr dunkles Wolltuch enger um die Schultern und sah besorgt in den grauen Schneehimmel hinauf. »Bei diesem Wetter kommen wir nicht weit«, sagte sie.

Dann war es den ganzen Morgen still. Außer dem Prasseln des Feuers im Küchenherd und dem Knacken der Holzscheite war nichts mehr zu hören. Nicht einmal das Ticken einer Uhr. Eine Uhr besaß die Großmutter schon lange nicht mehr, weil die letzte nicht mehr repariert werden konnte.

»Bekommen die Kinder im Tal keinen Lebkuchen zu Weihnachten, wenn es nicht aufhört zu schneien?«, fragte Ida in die Stille hinein.

»Das ist all die Jahre noch nie vorgekommen«, sagte die Großmutter und rieb sich die kalten Hände.

Großmutter kannte alle Leute im Tal. Manche von ihnen kamen einmal im Jahr, im Sommer, zu Fuß nach Todtmoos gepilgert. Nach dem Gottesdienst kauften sie am Stand der Großmutter vor der Wallfahrtskirche Lebkuchen. Oft machten sie sich gleich über den süßen Leckerbissen her, weil sie schon seit Sonnenaufgang unterwegs waren und großen Hunger hatten. Und immer kauften sie noch Lebkuchen als Stärkung für den Heimweg oder für den Großvater oder die kranke Tante daheim.

Von dem Geld, das die Großmutter den Sommer über am Lebkuchenstand verdiente, konnte sie sich beim Schuhmacher die Schuhe besohlen lassen. Oder beim Krämer Kerzen kaufen für die dunklen Winterabende. Und natürlich beim Bäcker Lebkuchen für das Weihnachtsfest.

»Komm, Ida, wir holen das Kärrelchen! Wir können losgehen«, sagte die Großmutter dann an einem der nächsten Morgen, und ihr Atem beschlug dabei die Fensterscheibe. Ida sprang vom Küchentisch zum Fenster. Dabei hätte sie beinahe ihre Milchschüssel umgestoßen. Es schneite nicht mehr! Endlich!

Ida konnte kaum stillhalten, als ihr die Mutter die grüne Mütze unter dem Kinn zuband und ihr das rote Wolltuch um die Schultern wickelte, so aufgeregt war sie. Und fast hätte sie ihre Handschuhe vergessen, wäre die Mutter nicht noch damit vom oberen Stockwerk die Treppe heruntergeeilt, um sie ihr anzuziehen. Der Schnee knirschte unter Idas Stiefeln, als sie an der Hand der Großmutter zum Holzschopf stapfte. Dann öffnete die Großmutter das hölzerne Tor. Ida kam es vor, als öffnete sie damit das Tor zu Weihnachten.

Mit aller Kraft half sie der Großmutter, das Kärrelchen herauszuziehen, einen ausgedienten Kinderwagen, mit dem die Großmutter sonst Brennholz vom Holzschopf in die Küche holte. Und wenn das Brennholz ausgegangen war, brachte sie damit dürre Äste aus dem Wald nach Hause. Das Kärrelchen ließ sich schieben wie ein Schlitten. Idas Vater hatte Kufen aus gebogenen Holzlatten unter die Räder montiert.

»So!«, sagte die Großmutter und stellte einen geflochtenen Wäschekorb hinein. Dann holte sie noch die beiden Henkelkörbe und den großen Rückentragekorb aus der Vorratskammer.

»Jetzt brauchen wir nur noch das Geld für den Bäcker!« Das Geld bewahrte die Großmutter in einer kleinen, alten Blechdose auf, die sie immer in einem Zigarrenkistchen unter ihrem Bett versteckte. Das Zigarrenkistchen hatte einst Idas Großvater gehört. Der reiche Müller hatte es ihm einmal, randvoll mit Zigarren gefüllt, zu Weihnachten geschenkt. Um es hervorzuholen, musste die Großmutter unter ihrem Bett ein loses Brett vom Boden heben. Sie leerte den ganzen Inhalt auf ihrer Bettdecke aus, sortierte mit ihren abgeschafften Fingern die Münzen und steckte sie alle, bis auf die letzten zwei, in ihren Geldbeutel. Diese beiden letzten Münzen legte sie in die Blechdose zurück und versenkte ihr Schatzkistchen wieder unter ihrem Bett. Den Geldbeutel stopfte sie in einen ihrer vielen Unterröcke. Die Großmutter trug mehrere Unterröcke übereinander, denn es war sehr kalt.

Dann war es so weit! Mit den leeren Körben auf dem Kärrelchen zogen die beiden los und winkten Idas Mutter zum Abschied zu. Die Mutter hatte alle Hände voll zu tun, Idas kleine Schwester Anna zu trösten, die weinte, weil sie nicht mitgehen durfte. Und Ida war so stolz, dass sie nun so groß war, mit der Großmutter das Kärrelchen durch die Straße zum Bäcker zu schieben. Dies war der Tag, den Ida so lange

herbeigesehnt hatte! Sie hatte es schon vor dem Aufstehen gespürt, heute würde ein großes Abenteuer beginnen.

Das Fenster der Ladentüre des Bäckers war beschlagen, und die Ladenglocke bimmelte. Ida und die Großmutter tauchten ein in die süße Wärme und in den Duft von frisch gebackenem Brot, von feinen Pasteten und den wunderbaren Lebkuchen. Ida hatte nur noch Augen für die Auslage, als sie Großmutters leere Henkelkörbe in die Backstube trug. Ida und die Großmutter durften einfach so in die Backstube gehen. Sie durften das, weil die Großmutter und der Bäckermeister sich schon sehr, sehr lange kannten.

Ida wurde ganz schwindelig, so wunderbar süß und tröstlich nach Honig und nach kostbaren Gewürzen dufteten die vielen Lebkuchen, die einer der Gesellen aus dem riesigen Ofen zog. Sie dufteten nach Gewürzen, deren Namen Ida nicht kannte, und die der Bäcker als sein größtes Geheimnis hütete. Großmutter behauptete immer, es seien auch gemahlene Nelken im Teig. Er machte sich in der ganzen Backstube breit, dieser Duft. Überall lagen Lebkuchen zum Abkühlen aus, glänzend braun und mit einer halben geschälten Mandel in der Mitte. Auf breiten Backtischen wallten weitere Gesellen dicken, braunen Lebkuchenteig mit dem Nudelholz aus und stachen mit Formen rechteckige Stücke aus, so dass alle Lebkuchen gleich groß waren.

»So, Pauline«, sagte der Bäcker und stellte nacheinander drei Körbe auf einem langen Holztisch ab, »hier sind sie, deine

Lebkuchen! So viel wie immer. Jetzt zieht endlich wieder Weihnachtsduft in die Häuser«, sagte er und rieb sich dabei die Hände, »jetzt fangen die Stuben wieder an zu leuchten!«

Und dann, als er Ida sah, die sich etwas verlegen hinter der Großmutter versteckte, schob er seine Mütze erstaunt ein Stück weit nach hinten und stemmte seine Arme in die Seiten. »Oho! Du hast Verstärkung dabei!«

»Ja!«, sagte die Großmutter, und strich Ida dabei ermutigend über den Kopf.

Ida war nämlich noch etwas schüchtern. Sie war noch nie weit von zu Hause weg. »Hinter dem Berg wohnen auch noch Leute!«, sagte die Großmutter immer. Ida konnte es kaum erwarten, ihre Stuben zu sehen. Die Großmutter kramte ihren abgegriffenen Geldbeutel aus einem ihrer Unterröcke und fingerte die abgezählten Münzen heraus. »Jetzt müssen wir zusehen, dass wir losgehen«, sagte sie dann.

Die Münzen klimperten in der hohlen Hand des Bäckers. Er zählte kurz nach, schob darauf seine weiße Schürze vor seinem Bauch etwas zur Seite und ließ Großmutters Münzen in der Hosentasche verschwinden.

»Zwei, vier, sechs, acht, zehn, zwölf«, fing Großmutter zu zählen an und schichtete die Lebkuchen »zwei, vier, sechs, acht, zehn, zwölf« nach und nach in ihre Körbe. Ida half ihr eifrig dabei.

Zuerst füllten sie Großmutters Wäschekorb, danach die beiden Henkelkörbe und zuletzt den großen Rückentragekorb.

Und um die Lebkuchen vor dem Herunterfallen und vor Schnee zu schützen, legte Ida dann auf das Geheiß der Großmutter die frisch gewaschenen leinenen Geschirrtücher darüber. Sie hatten dasselbe Muster wie Großmutters Bettdecke, rot-weiß-grün-kariert. Die Großmutter legte ihr Wolltuch über den Kopf und band es mit einem doppelten Knoten so fest zu, dass nur noch einige ihrer weißen Haare zu sehen waren. Dann hob sie den Wäschekorb in das Kärrelchen. Der Bäcker ächzte, als er ihr half, den schweren Rückentragekorb aufzusetzen.

»Da hast du noch eine kleine Stärkung«, sagte er und drückte Ida einen halben Lebkuchen in die Hand. »Danke!«, sagte Ida und biss freudig hinein. Ida hatte nicht alle Tage Lebkuchen, und dieser hier, aus der Hand des Bäckers, zerging ihr süß und warm auf der Zunge. Sie schloss die Augen, um diesen Moment zu genießen.

»Komm, Ida! Jetzt geht es los!«, sagte die Großmutter. Der Bäcker wünschte ihnen eine gute Reise und winkte ihnen nach.

Kaum hatten sie die Straße betreten, ging von der Großmutter eine ungewohnt tiefe Freude aus. Ihre Schritte wurden feierlich, und aus ihrem sonst so sorgenvollen Gesicht strahlte nun ein fröhliches Lächeln. Ida kam es wie Zauber vor. Sie durfte nun neben dem Lebkuchenweiblein hergehen. Ihre Wangen glühten vor Aufregung. Und ihre blonden Zöpfe hüpften im Takt ihrer Schritte. Was für ein Glück, dass das Pferdefuhrwerk direkt vor ihnen den Weg zu räumen begann! Das machte ihnen das Gehen leichter, besonders bergauf.

Ein Stück weit trug Ida einen der beiden Henkelkörbe, der so voll beladen plötzlich so schwer war, dass sie manchmal mit beiden Händen zupacken musste. Bald schon stellte sie ihn wieder auf das Kärrelchen und half dem Lebkuchenweiblein beim Schieben. Ganz weit draußen im Schnee, an einer steinernen Bank, an der das Lebkuchenweiblein im Stehen ihre Rückentrage abstellte, konnte sie wieder zu Atem kommen.

»Ich habe Hunger«, sagte Ida und drückte sich an den dunklen Rock des Lebkuchenweibleins. Dabei hoffte sie auf einen der Lebkuchen aus dem Kärrelchen, die einen so glücklich machenden Duft verströmten, sobald man eines der Geschirrtücher beiseiteschob. Der grobe Rockstoff kratzte an Idas Wange.

»Ich kann dir keinen Lebkuchen geben, Kind, ich muss sie alle verkaufen«, sagte das Lebkuchenweiblein. »Aber ich habe ein Butterbrot für dich eingepackt.«

Mit klammen Fingern schälte Ida das Brot aus dem kalten Papier. Schon vor dem ersten Bissen hätte sie heulen können. Ihre Füße waren wie eingefroren. Sie war so müde. Und der Weg vor ihnen zog sich immer weiter und höher hinauf. Doch immer, wenn Ida zum Jammern zumute war, sah sie zum Lebkuchenweiblein auf und freute sich, dass sie es endlich begleiten durfte.

Immer wieder mussten die beiden über dürre Äste steigen, die der Sturm zurückgelassen hatte. Sie waren völlig außer Atem und verschwitzt, als sie dann an die Stelle des hohen Berges kamen, an der es auf der anderen Seite ins Tal hinunterging. »Immer schön dem Bach entlang«, sagte das Lebkuchenweiblein, »das ist der nächste Weg.«

Hier hatten die Waldarbeiter mit dem Pferd des Försters bereits eine Bahn gezogen. Dennoch kamen Ida und das Lebkuchenweiblein nur langsam voran. Mit ihrer ganzen Kraft schoben die beiden das Kärrelchen durch den Schnee.

»Bist du froh, dass ich bei dir bin?«, fragte Ida.

»Gewiss«, sagte das Lebkuchenweiblein und lächelte.

»Wann kommen wir denn zu den Häusern?«, fragte Ida dann nach einer Weile.

»Schon bald, mein Kind«, sagte das Lebkuchenweiblein, »schon bald!«

Und dann, endlich, tauchte der erste Bauernhof vor ihnen auf. »Mutter! Mutter! Das Lebkuchenweiblein kommt!«, rief der Junge, der gerade mit einem Schlitten daherkam, beladen mit abgebrochenen Ästen. »Endlich! Endlich! Das Lebkuchenweiblein! Und sie hat sogar eine kleine Helferin dabei!«, rief die Bäuerin freudig unter der Haustür. »Ich dachte schon, es gibt zu Weihnachten keinen Lebkuchen! Das wäre nicht auszudenken! Ich nehme wie immer ein Dutzend!« Dann lud sie das Lebkuchenweiblein und Ida ein, sich in ihrer Stube zu wärmen. »Wir haben noch einen langen Weg vor uns«, sagte das Lebkuchenweiblein, als es sich für die Einladung bedankte und zwei, vier, sechs, acht, zehn, zwölf Lebkuchen aus einem der Henkelkörbe nahm.

»Mhmm!«, sagte die Bäuerin und schnupperte an den Lebkuchen. »Mhmm! Die werde ich bis Weihnachten gut verstecken müssen.« Dann verschwand sie mit einem Strahlen im Gesicht wieder im Haus.

Als der Weg eine Biegung machte, kamen sie zum nächsten Bauernhof, der auf einer Anhöhe lag. Sie waren noch ganz außer Atem, als sie an der hölzernen Haustür anklopften. »Frau!«, rief der Bauer noch mit einer Hand an der Türklinke, »das Lebkuchenweiblein ist da!« Die Bäuerin kam vom Mittagessen herbeigeeilt. »Gottseidank!«, sagte sie, »ich hatte schon befürchtet, es würde in diesem Jahr nicht kommen! Nur herein in die warme Stube!« Die Kinder, drei Jungen und zwei Mädchen, die gerade noch über ihren Tellern mit dampfender Kartoffelsuppe gesessen hatten, drängten sich nun neugierig an der halb geöffneten Stubentür. Ida sah, wie der Lebkuchenduft, der aus ihren Körben stieg, ein ahnungsvolles Lächeln in ihre Gesichter zauberte.

»Endlich riecht es nach Weihnachten!«, sagte der Bauer, der schon als Junge auf das Lebkuchenweiblein gewartet hatte, und kaufte anderthalb Dutzend Lebkuchen. Für seine Kinder, die Großeltern, für seine Frau und seine vielen Patenkinder. Und für sich.

Als sie sich durch den Schnee vom Hügel hinuntergekämpft und den Weg wieder erreicht hatten, schob Ida das Kärrelchen eine Weile allein. Ein paar wenige Schneeflocken fielen leise. Sie blieben auf dem Kopftuch des Lebkuchenweibleins liegen. Wie kleine, weiße Sterne, dachte Ida.

Etwas weiter unten im Tal führte der Weg zu einem Häuschen. Der kleine struppige Hofhund sprang ihnen kläffend entgegen und umkreiste sie aufgeregt. Als sie näher kamen, sahen sie zwei Mädchen und zwei Jungen erwartungsvoll hinter dem Fenster stehen. »Ich nehme dieses Jahr zwei Lebkuchen«, sagte die Mutter leise und trocknete die Hände an ihrer geflickten Schürze ab. Sie strich sich etwas verlegen eine Strähne ihrer dunklen Haare aus dem Gesicht. Dann schloss sie die Stubentür, damit die Kinder sie nicht hörten.

Das Lebkuchenweiblein holte zwei Lebkuchen aus einem ihrer beiden Henkelkörbe, nahm dankend die Münzen in Empfang und verstaute sie in ihrem Geldbeutel. Zwischen Haus- und Stubentür wünschte es allen frohe Weihnachten. Dann, Ida war es nicht entgangen, griff es noch einmal in seinen Korb und drückte der Mutter zwei weitere Lebkuchen in die Hand. Gerade als die Mutter sich verlegen bedankte und vier Lebkuchen in ihre Schürzentasche steckte, wurde die Stubentür geöffnet. »Du riechst nach Weihnachten!«, flüsterte das jüngste Mädchen Ida zu.

Ida beschnupperte ihre Wolljacke. Tatsächlich! Der Lebkuchenduft aus der Backstube hing noch in ihren Kleidern und in ihren Zöpfen. Ida strahlte. Sie war auf dem Weg Teil des Lebkuchenweibleins geworden. Und sie ahnte nun, warum das Lebkuchenweiblein manchmal auch Lebkuchen verschenken musste.

Als sie an das Haus der alten Leopoldine kamen, klopften und riefen Ida und das Lebkuchenweiblein, und sie horchten auf eine Antwort. Sie riefen wieder, doch es blieb still. »Sie kann es doch sonst nie erwarten, bis ich anklopfe«, wunderte sich das Lebkuchenweiblein. Weit und breit um das Haus waren nur ihre eigenen Spuren zu sehen, die Spuren von Ida und dem Lebkuchenweiblein. Leopoldine schien nicht mehr aus dem Haus gegangen zu sein, seit es zu schneien begonnen hatte. Das Lebkuchenweiblein drückte die Türklinke hinunter und stand unmittelbar vor der Stube, in der nur das Ticken einer Uhr zu hören war. Leopoldine hatte sich ihr rot-weiß-grün-kariertes Bettzeug auf die Ofenbank geholt. Dort lag sie nun, halb schlafend und zugedeckt bis zu den Ohren. Der Ofen war ausgegangen. Seufzend nahm das Lebkuchenweiblein seinen Tragekorb ab und stellte ihn auf den Dielenboden. »Leopoldine!«, flüsterte es. »Was ist mir dir?«

Leopoldine setzte sich hustend auf. »Das Lebkuchenweiblein!«, sagte sie halb im Schlaf, »dass es nun doch noch kommt!«

Das Lebkuchenweiblein griff ihr an die Stirn. »Du hast Fieber, Leopoldine«, sagte es, rief Ida herein und machte die Tür hinter ihr zu. Dann hauchte es in die Hände und machte in der Küche Feuer. Es setzte Wasser für einen Kräutertee auf. Und es bat Ida, darauf zu achten, dass das Mehl für die Suppe im Kochtopf nicht anbrenne, während es Leopoldine Wadenwickel anlegte.

»Lebkuchen!«, flüsterte Leopoldine. »Hast du noch Lebkuchen? Ich brauche ein halbes Dutzend!« Natürlich hatte das Lebkuchenweiblein noch Lebkuchen, ein großer Teil ihres Weges lag ja noch vor ihnen. Ida war froh, dass sie ihre nassen Stiefel ausziehen und ihre kalten Füße an die nun warme Ofenbank drücken konnte.

Leopoldine wollte die Mehlsuppe nicht essen. Ihr Fieber stieg an. Das Lebkuchenweiblein legte ihr einen warmen Schmalzwickel auf die Brust und deckte sie gut zu. »Wir sollten den Doktor rufen«, flüsterte es Ida zu. Der Doktor wohnte hinter dem Wald. Das Lebkuchenweiblein kannte ihn gut.

»Soll ich den Doktor holen gehen?«, fragte Ida.

»Nein«, sagte das Lebkuchenweiblein, »du könntest dich im Wald verirren. Stell dich lieber ans Stubenfenster und schau, ob jemand vom Berg her auf dem Weg ins Tal vorbeikommt! Der Briefbote vielleicht, auf seinen Skiern. Wir könnten ihn nach dem Doktor schicken.«

Ida nickte und zog ihre Stiefel wieder an. Dann ging sie leise, um Leopoldine nicht zu stören, über den knarrenden Boden und stellte sich an das Stubenfenster.

Aber der Briefbote kam nicht. Und während sich das Lebkuchenweiblein um Leopoldine kümmerte, drehte sich der große Zeiger der Uhr immer weiter. »Wenn wir bis zur Dunkelheit nicht zurück sind, werden sie sich daheim Sorgen machen«, sagte das Lebkuchenweiblein, als es Leopoldine einen Löffel voll Hustensirup einflößte, den es aus

Kandiszucker und Zwiebeln gekocht hatte. Draußen schneite es leise vor sich hin.

»Da kommt ein Pferd mit einem Schlitten den Berg hoch!«, rief Ida dann plötzlich, »ich kann es ganz deutlich sehen.«

Das Lebkuchenweiblein kam zu ihr ans Fenster. »Das ist Emil!«, sagte es. »Er hat Weinfässer für sein Wirtshaus geladen. Er kann dich auf seinem Schlitten mit nach Hause nehmen. Ich glaube, ich muss die Nacht über bei Leopoldine bleiben.«

Ida sprang zur Stubentür und dann zur Haustür hinaus. »Eeeeemil!«, rief sie und winkte dem herankommenden Schlitten, »Eeeemil, halt an!«

»Ohaaaa!«, rief Emil seinem Pferd zu, »ohaaaa!« Er zog die Leinen an und brachte den Schlitten zum Stehen. Ida redete lebhaft auf Emil ein. Das Lebkuchenweiblein sah ihr vom Stubenfenster aus verwundert zu. Dann sah es Emil nicken. »Hü!«, rief Emil darauf und nahm die Leinen an. Der Schlitten ruckte und fuhr weiter.

»Was hast du zu Emil gesagt?«, fragte das Lebkuchenweiblein erstaunt, als Ida wieder in die Stube hereinkam.

»Dass er daheim ausrichten soll, dass wir heute Nacht bei der kranken Leopoldine bleiben und dass wir morgen weitergehen«, sagte Ida bestimmt und zog ihre nassen Stiefel wieder aus. Sie wollte nicht nach Hause gehen. Sie hatte so lange darauf gewartet, das Lebkuchenweiblein begleiten zu dürfen. Das Lebkuchenweiblein lächelte.

Auf der anderen Seite des Waldes in der kleinen Stadt stand Jakob am Stubenfenster und fragte sich, ob das Lebkuchenweiblein die Leute in der kleinen Stadt vergessen hatte. Ein geheimnisvoller Glanz erfüllte immer die ärmliche Stube, wenn die Mutter dem Lebkuchenweiblein mit dem hierfür gesparten Geld Lebkuchen abkaufte. Mutter verschwand dann immer geschwind hinter der Schlafzimmertür, um die Lebkuchen dort irgendwo zwischen Bettlaken zu verstecken. Jakob, sein älterer Bruder Max und die kleine Schwester Emma durften nämlich nichts davon mitbekommen. Doch sobald es Dezember wurde, schlichen alle drei erwartungsvoll durch das Haus, um diesen Moment ja nicht zu verpassen.

Der Duft, der dann in der Stube zurückblieb, weckte die Vorfreude auf den Weihnachtsmorgen. Da fanden Jakob und seine Geschwister beim Aufwachen immer einen Lebkuchen auf ihrer Bettdecke vor. Jakob freute sich das ganze Jahr darauf, von diesem festlich süßen Duft geweckt zu werden. Der Lebkuchen war das einzige Weihnachtsgeschenk.

Jakob starrte gebannt auf den Wald hinaus. Dorthin war das Lebkuchenweiblein im letzten Dezember mit leeren Körben wieder verschwunden. Wie hatte er sich auf den Augenblick gefreut, in dem es wiederkommen würde. Wo war es nur geblieben?

Das Lebkuchenweiblein kümmerte sich noch immer um Leopoldine. Aber das konnte Jakob ja nicht wissen. Und als es dann Morgen wurde und Leopoldine kein Fieber mehr hatte, machte es sich mit Ida wieder auf den Weg, hinunter ins Tal.

»Jetzt müssen wir noch einen Schritt schneller gehen«, sagte es zu Ida, als sie auf den Wald zukamen. Denn jetzt war Weihnachten schon wieder einen Tag näher gerückt. Die Lebkuchen hätten längst verkauft sein können. Um diese Zeit lagen sie sonst in Schubladen, in Blechdosen oder zwischen Bettlaken versteckt. Jeder wusste, dass sie da waren, doch keiner traute sich, sie anzurühren.

Noch bevor sie den tiefen Wald erreichten, sagte das Lebkuchenweiblein: »Jetzt klopfen wir noch beim alten Linus an! Er freut sich immer so auf die Lebkuchen.« Die Haustür ächzte. Es dauerte eine Weile, bis sich ein blasses, zerfurchtes Männergesicht zeigte.

»Guten Morgen, Linus!«, sagte das Lebkuchenweiblein, »ein halbes Dutzend, wie immer?«

Linus sah sie grimmig an. »Lass mich in Ruhe mit deinen Lebkuchen!«, erwiderte er mit trockener Stimme.

»Aber Linus!«, sagte das Lebkuchenweiblein noch. Doch Linus schlug plötzlich so fest die Tür zu, dass Ida vor Schreck zusammenzuckte. Eine Zeit lang schob das Lebkuchenweiblein dann stumm sein Kärrelchen durch den Schnee, und Ida traute sich nicht, etwas zu sagen.

Wer weiß, grübelte das Lebkuchenweiblein, vielleicht dachten die Leute in der kleinen Stadt nun wie Linus. Vielleicht hatten sie schon ein anderes Weihnachtsgeschenk besorgt. Und vielleicht würden sie dann in all den kommenden Jahren auch keinen Lebkuchen mehr haben wollen. Und dann wurde es sehr traurig.

Das Lebkuchenweiblein wusste ja nicht, dass Jakob und seine Familie schon seit Tagen nach ihm Ausschau hielten. Als es an diesem Morgen immer noch nicht da war, fragte Jakob die Kinder in der Schule nach ihm. Doch niemand hatte es gesehen. Vielleicht sitzt es bereits bei der Mutter in der warmen Stube und wärmt sich wie alle Jahre die kalten Finger an der dampfenden Tasse Malzkaffee, dachte Jakob. Er konnte es kaum erwarten, nach Hause zu kommen.
Doch das Lebkuchenweiblein hatte wieder nicht angeklopft.
»Wer weiß«, sagte der Vater, »vielleicht hat es in den Bergen gestürmt.«

»Dann wird es wohl dieses Jahr keine Lebkuchen geben«, seufzte die Mutter beim Mittagessen. Und was sie dann noch sagte, brachte die kleine Emma zum Weinen. Sie sagte: »Und ohne Lebkuchen kann es nicht Weihnachten werden.« Emma weinte so sehr, dass niemand sie trösten konnte. Weder die Mutter noch Jakob noch Max oder der Vater.

Jakob ertrug diese Ungewissheit nicht mehr. »Ich gehe das Lebkuchenweiblein suchen«, sagte er fest entschlossen. Er musste Weihnachten retten.

»Dass ich nicht lache!«, sagte da Max, »du würdest den Weg gar nicht finden, du Zwerg. Im Wald hat es Füchse und Wölfe und Rabenkrähen. Die hacken dir die Augen aus.«

Jakob schluckte trocken.

»Hör endlich auf, deinen kleinen Bruder immer zu ärgern, Max!«, sagte die Mutter. »Da, nimm den Korb und hol im

Holzschopf Nachschub, das Feuer im Herd geht mir sonst aus! Und noch etwas, Max, – werde endlich vernünftig!«

Max zog murrend seine dicke Jacke an und verschwand durch die Haustür. Immer bevorzugte die Mutter Jakob. »Geh nicht in den Wald, Jakob!«, hörte er die Mutter noch fürsorglich sagen, »es ist viel zu gefährlich bei diesem Wetter.«

Was ist, wenn dem Lebkuchenweiblein unterwegs etwas zugestoßen ist, dachte Jakob dann plötzlich, und dieser Gedanke traf ihn wie der Blitz. Dann wird es nie mehr Lebkuchen bringen.

Er hatte der Mutter ja nicht versprochen, nicht nach dem Lebkuchenweiblein zu suchen. Nein, das hatte er nicht. Als die Mutter in den Keller ging, um Kartoffeln zu holen, zog Jakob hastig seine Jacke an, band sich den Schal um und rannte aus dem Haus, dem Wald zu. Sein Herz klopfte bis zum Hals. Er war den Weg schon einmal mit den Eltern und den Geschwistern gegangen. Da war es aber Sommer gewesen, und nun lagen alle Sträucher und Büsche bestimmt unter einer dicken Schneeschicht begraben. Doch jemand hatte den Weg in den letzten Tagen freigeräumt. Der Förster, vielleicht. Dieser Weg war nämlich die einzige Verbindung zu den Leuten auf der anderen Seite des Berges. Jakob entdeckte frische Fußspuren im Schnee. Es musste heute schon jemand vor ihm den Berg hinaufgegangen sein. Doch es war weit und breit niemand zu sehen. Die riesigen Tannen am Waldrand standen dicht nebeneinander. Jakob kam es vor, als duckten sie sich von der schweren Schneelast.

Er hatte keine Ahnung, wie weit der Weg sich noch hinziehen würde. Er erschrak, als plötzlich eine Rabenkrähe ganz nah über seinen Kopf hinwegflog. Krah! Krah! Krah! Beinahe hätten ihn ihre Flügel gestreift. Gleich darauf fiel von einer der riesigen Tannen eine Ladung Schnee auf seinen Rücken. Ohne sich umzusehen, rannte er in einem Satz bis zur ersten Anhöhe hinauf. Er rannte, als wäre ein Fuchs oder gar ein Rudel Wölfe hinter ihm her. Der Schnee knirschte unter seinen Füßen. Sein Herz wollte zerspringen. Die Mutter hatte ihm verboten, in den Wald zu gehen. Wenn ich nicht daheim bin, wenn es dunkel wird, dachte er, werden sie mich suchen. Mutter wird von mir enttäuscht sein! Vielleicht hatten sie sein Verschwinden schon bemerkt. Und vielleicht würden sie ihn irgendwann im Schnee liegend finden, erfroren. Er, Jakob, würden sie dann sagen, habe Weihnachten retten wollen!

Um zum höchsten Punkt des Berges zu kommen, musste er zunächst die Anhöhe wieder hinunterstapfen in ein kleines Tal. Hier traf Jakob wieder auf die bergaufwärts führenden Spuren, die er unterwegs aus den Augen verloren hatte. Am Ende war das Lebkuchenweiblein schon wieder auf seinem Heimweg. Vielleicht, so ging es Jakob dann durch den Kopf, hat es nur die umliegenden Dörfer besucht. Doch könnte es ebenso gut krank geworden sein. Vielleicht sind auch die Lebkuchen ausgegangen. Nein! Es musste ihm etwas zugestoßen sein. Hier, im Wald. Jakob rannte, so schnell er konnte, und die kalte Luft tat ihm beim Atmen weh. Er rutschte aus, fiel hin, stand auf, schüttelte sich den Schnee aus den Kleidern und rannte weiter.

Es musste gestürmt haben hier oben. Abgebrochene Äste versperrten ihm den Weg. Bald sah er von weither eine Gestalt auf sich zukommen. Diese Gestalt schob mühsam ein Kärrelchen durch den Schnee, das Kärrelchen des Lebkuchenweibleins! Doch es war Max, der das Kärrelchen schob. Max war also gar nicht in den Holzschopf gegangen! Der große Bruder hatte sich still und heimlich auf die Suche nach dem Lebkuchenweiblein gemacht! Jakob rannte auf ihn zu. »Hast du das Lebkuchenweiblein gefunden?«, fragte er.

»Den Karren habe ich gefunden«, sagte Max, »dort unten in der Nähe des Bachs. Hier, die eine Kufe ist abgebrochen, und ringsum lagen Lebkuchen verstreut. Ich habe sie alle eingesammelt und in den Karren zurückgelegt.«

»Und das Lebkuchenweiblein?«, fragte Jakob besorgt.

Max zuckte mit den Schultern. »Ich nehme den Karren jetzt mit nach Hause. Es wird ihm schon nichts passiert sein.«

»Es lässt doch seine Lebkuchen nicht einfach so am Bach liegen!« Jakob spürte, dass hier etwas nicht stimmte.

»Hat die Mutter nicht gesagt, dass es ohne Lebkuchen nicht Weihnachten werden kann?«, fragte Max. »Jetzt haben wir einen ganzen Karren voll Lebkuchen!«

»Diese Lebkuchen gehören dem Lebkuchenweiblein!«, sagte Jakob.

»Komm schon!«, hielt Max dagegen. »Ob ein paar fehlen oder nicht, fällt dem Lebkuchenweiblein doch gar nicht auf. Mutter und Emma werden sich freuen! Vielleicht sind dies hier die letzten Lebkuchen. Vielleicht kommt das Lebkuchenweiblein nie mehr wieder!«

»Ich werde das Lebkuchenweiblein suchen. Und ich werde es finden«, sagte Jakob.

Max lachte laut auf. »Du traust dich doch gar nicht, du Hosenschisser!«

»Du wirst schon sehen!«, entgegnete Jakob.

»Was machst du dir die Mühe?«, fuhr Max fort. »Die Lebkuchen sind doch da!«

»Ich esse keine gestohlenen Lebkuchen«, sagte Jakob.

»Dann verschenk sie doch!«, sagte Max und grinste. »Stell dir vor, wie Sophie aus deiner Klasse staunen wird, wenn du ihr zu Weihnachten einen Lebkuchen schenkst. Oder zwei oder drei.«

»Niemals«, sagte Jakob.

»Dann lass es!« Max war genervt. »Ich bringe die Lebkuchen jetzt heim, bevor es dunkel wird. Bleib du doch alleine im Wald! In ein paar Stunden kommt der Nachtkrabb! Huhuuu!«

Da stellte sich Jakob Max in den Weg. »Du bist ein Dieb!«, schrie er. Max stieß ihn aber so fest zur Seite, dass Jakob im Schnee landete. Als er sich aufrappelte und den Schnee aus den Kleidern klopfte, hatte sich Max schon davongemacht.

»Mein Bruder ist ein Diiiiiiieb!«, rief Jakob Max hinterher, und es hallte durch den Wald. »Krah! Krah! Krah! Krah!«, riefen die schwarzen Rabenkrähen über ihm. Jakob war klug genug, um zu wissen, dass er Max jetzt einen richtig guten Vorschlag machen musste, wenn er ihn von seinem Vorhaben abbringen wollte. »Warte!«, hörte Jakob sich dann selbst rufen, und ihm blutete fast das Herz dabei. »Pass auf! Ich gebe dir in den nächsten zehn Jahren meinen Weihnachtslebkuchen ab, wenn du das Kärrelchen hierlässt!«

Doch Max lachte ihn aus. »Was soll ich mit zehn Lebkuchen in zehn Jahren, wenn ich jetzt einen ganzen Karren voll haben kann!«

»Du allein kannst sie doch gar nicht alle essen«, versuchte Jakob ihn zu überzeugen.

»Und ob!«, rief Max ihm zu.

Jakob lief ihm ein paar Schritte nach: »Wenn dich die Leute mit dem Kärrelchen sehen, werden sie dich fragen, wie du zu dem Lebkuchen gekommen bist!«, sagte er eindringlich. »Und sie werden fragen, wo das Lebkuchenweiblein geblieben ist.«

»Dann warte ich eben, bis es dunkel wird«, entgegnete Max.

»Du wirst die Lebkuchen doch gar nicht behalten dürfen! Vater wird dich bestrafen!«, sagte Jakob. »Und Mutter wird sich für dich schämen.«

»Von wegen!«, sagte Max. Und dann blähte er sich vor Jakob auf und ging weiter. »Mutter wird stolz auf mich sein! Denn ich habe Weihnachten gerettet!«

»Sicher nicht!«, gab ihm Jakob zur Antwort. »Du hast überhaupt nichts verstanden, du Dummkopf! Es geht hier um mehr als um Lebkuchen! Du hast wohl vergessen, was für ein Fest es immer für Mutter war, wenn das Lebkuchenweiblein bei uns in der Stube saß! Und wie Mutter dann sagte, dass jetzt die Weihnachtszeit beginnt!«

Als hätten ihn Jakobs Worte zur Vernunft gebracht, kehrte Max plötzlich um. »Also gut, wie war die Abmachung?«, fragte er, bevor Jakob es sich anders überlegen würde. Er hielt das Kärrelchen mit beiden Händen fest.

Jakob zögerte kurz. »Zehn Jahre lang meinen Lebkuchen am Weihnachtsmorgen gegen das Kärrelchen!«, sagte er dann mit fester Stimme und hielt Max die Hand hin.

Max schlug ein. »Nimm doch deine blöden Lebkuchen!«, sagte Max dann plötzlich und stieß Jakob mit einem heftigen Ruck das Kärrelchen entgegen. Dann lief er davon.

Jakob drückte das Versprechen, das ihm sein großer Bruder nun abgenommen hatte, schwer. Er betrachtete seine Hände. So viele Finger er an beiden Händen hatte, so viele Weihnachtsmorgen würde er nun seinen Lebkuchen an Max abgeben müssen. Dies war der Preis dafür, dass das Lebkuchenweiblein nicht von seinem großen Bruder bestohlen wurde.

»Das Lebkuchenweiblein war immer freundlich zu uns! Vergiss das nicht!«, rief Jakob Max noch hinterher. Doch Max zeigte keine Regung.

Einmal, als das Lebkuchenweiblein Max, Emma und Jakob als Dank für den Malzkaffee der Mutter je einen Lebkuchen schenken wollte, hätte Jakob gerne zugegriffen. Es gab kaum Süßes das Jahr über. Doch die Mutter wehrte dankend ab. Die Kinder hätten schon genug, sagte sie. Später erzählte sie ihnen dann, dass das Lebkuchenweiblein darauf angewiesen sei, alle Lebkuchen zu verkaufen. Jakob hatte gehofft, Max würde sich daran erinnern.

Nun stand er ganz allein mitten im Wald. »Maaaaaax!«, rief er, doch es rührte sich nichts. Jakob schob das Kärrelchen durch den Schnee, bis er auf den Platz hinuntersah, an dem Max es gefunden hatte. Dort unten lag noch die Spitze der einen Kufe. Von dort führten Schlittenspuren den gegenüberliegenden Hang hinauf. Von dort oben musste das Kärrelchen heruntergestürzt sein. Diese Spuren musste er verfolgen.

Als Jakob eine Weile unterwegs war, hörte er von weither zwei Stimmen.

»Doch, Großmutter, ich bin schuld, dass du fast alle Lebkuchen verloren hast! Du hättest mich erst gar nicht mitnehmen sollen«, sagte die eine Stimme. Sie klang sehr klein und traurig.

»Jetzt glaube mir doch, Kind, du kannst nichts dafür!«, tröstete die andere, viel ältere Stimme. »Der Sturm ist schuld. Aber wir haben ja uns, wir beide, das ist das Wichtigste.«

»Haaallo!«, rief Jakob und legte noch einen Schritt zu, denn es musste wohl das Lebkuchenweiblein sein, das da

redete. Doch er bekam keine Antwort. »Haaallo!«, rief er noch einmal.

Als er der Biegung des Weges gefolgt war, sah er das Lebkuchenweiblein herankommen. Es war voll beladen mit seiner Rückentrage und den Henkelkörben. Das kleine Mädchen mit den blonden Zöpfen war Ida. Jakob hatte sie einmal im Sommer schüchtern am Lebkuchenstand stehen sehen. Jetzt kam sie am Arm des Lebkuchenweibleins daher. Sie humpelte und weinte leise vor sich hin. Die beiden kamen nur langsam voran.

»Da ist unser Kärrelchen«, rief Ida plötzlich.

»Jakob!«, rief das Lebkuchenweiblein erstaunt.

Sie freuten sich so sehr. Ida und das Lebkuchenweiblein, weil Jakob ihnen das Kärrelchen voller Lebkuchen brachte, und Jakob, weil er endlich das Lebkuchenweiblein gefunden hatte.

»Was bist du nur für ein guter Junge!«, sagte das Lebkuchenweiblein. »Was haben wir für ein Glück! Du hast uns gerettet!«

»Was ist denn passiert?«, fragte Jakob.

»Eine Tanne ist direkt vor uns in den Weg gefallen! Ganz oben am Hang. Und dann bin ich vor lauter Schreck über einen Felsblock gestolpert und habe mich noch am linken Knie verletzt«, erzählte Ida Jakob nun ganz aufgeregt und zeigte ihm ihr geschwollenes und blutendes Knie und das Loch im Strumpf. »Und dabei habe ich das Kärrelchen losgelassen. Und dann ist es ganz weit hinuntergerutscht.«

»Bestimmt hat der Sturm die Tanne entwurzelt«, tröstete sie das Lebkuchenweiblein. »Die Tanne war schon etwas morsch. Gott sei Dank konnten wir ihr noch ausweichen.«

»Überhaupt, der Sturm war an allem schuld«, fuhr Ida fort, Jakob zu erzählen. »Zuerst ist er über die Dächer hinweggefegt und hat Äste von den Bäumen abgerissen. Dann hat er so viel Schnee gebracht, dass wir nicht mehr aus dem Haus gehen konnten. Und dann war auch noch Leopoldine krank, und wir mussten sie zuerst wieder gesund machen.«

»Meine Mutter wird sich um dein Knie kümmern«, tröstete sie Jakob.

Gerade als sie überlegten, wie sie Ida mit all dem Gepäck am besten ins Tal bringen könnten, hörte Jakob jemanden rufen. »Jaaakooob!« Es war Max. »Jaaakooob!«, rief er noch einmal, und es klang nach schlechtem Gewissen.

»Hier bin ich, hier«, rief Jakob ihm zu, »hier oben!«

Max kam keuchend angerannt. »Ich dachte, Mutter wird sich große Sorgen machen, wenn du nicht daheim bist, wenn es dunkel wird«, sagte er, und als er das Lebkuchenweiblein sah, traute er sich kaum, es anzusehen.

»Guten Tag, Max!«, sagte es, »du bist doch bestimmt so stark, dass du Ida auf dem Rücken ins Tal hinuntertragen kannst.«

Und so gingen sie mit dem Lebkuchenweiblein los. Jakob schob das Kärrelchen mit den Lebkuchen. Max trug Ida auf dem Rücken. Eine Weile gingen sie alle vier schweigend durch den Schnee. Seit das Lebkuchenweiblein Jakob und Max hier getroffen hatte, lag ihm eine Frage auf dem Herzen. »Was würde eure Mutter wohl sagen, wenn sie wüsste, dass ihr euch so tief im Wald herumtreibt?«

Jakob und Max drückten sich lange um eine Antwort. »Eigentlich tun wir das für unsere Mutter«, versuchte Max dann zu erklären. »Wenn das Lebkuchenweiblein nicht kommt, kann es nicht Weihnachten werden, hat sie nämlich gesagt.«

»Aber wir tun es auch für uns«, fügte Jakob noch hinzu. Und was er dann noch sagte, machte ihn etwas verlegen. »Es wird immer so festlich, wenn du zu unserer Tür hereinkommst. Dann wissen wir, dass bald Weihnachten ist.« Da strahlte das Lebkuchenweiblein, weil die Leute hinter dem Berg es nicht vergessen hatten.

Die Mutter lief ihnen von Weitem schon aufgeregt entgegen, als sie endlich in die kleine Stadt kamen. Der Förster hatte überall erzählt, dass er Jakob und das Lebkuchenweiblein im Wald gesehen hatte, und dass Jakob das Kärrelchen schob. Und dass auch Max dabei war und ein kleines, blondes Mädchen auf dem Rücken den Berg hinuntertrug. Die Mutter war so stolz.

War das ein Jubel, als sie auf dem Marktplatz eintrafen! Das Lebkuchenweiblein und Ida wurden gefeiert, als wären sie vom Christkind persönlich vorbeigeschickt worden. Jetzt konnten sich alle auf Weihnachten freuen. Und alle waren sie gekommen: der Vater, Emma, Anna-Maria von nebenan, die

gerade vom Milchholen heimgehen wollte, und der Förster natürlich. Und auch der Lehrer, der Bürstenmacher, der seine Arbeit liegen ließ, und der Ochsenwirt, die Frau des Apothekers, Tante Josephine, Tante Isolde, Tante Lisbeth und die Mädchen aus Jakobs Klasse. Sie alle ließen Jakob und Max hochleben. Denn schließlich hatten die beiden Weihnachten gerettet.

»Es war aber Jakobs Idee!«, sagte Max verlegen. Doch das Lebkuchenweiblein griff in seine Rückentrage, die es neben sich abgestellt hatte, und schenkte beiden zum Dank einen Lebkuchen. Schließlich hatte Max ja Ida den ganzen Weg auf seinem Rücken getragen. Dann zog das Lebkuchenweiblein wie alle Jahre von Haus zu Haus. Mit der humpelnden Ida, die sich nun kaum mehr anmerken ließ, wie sehr ihr Knie noch schmerzte, und überall erzählte, dass Jakob sie und das Lebkuchenweiblein gerettet hatte.

Und als sich die beiden dann von Jakob und Max, von Emma, der Mutter und dem Vater verabschiedet hatten, fuhr sie der Ochsenwirt auf seinem Pferdeschlitten über den Berg nach Hause. Noch bevor es anfing dunkel zu werden, kamen sie am Haus des alten Linus vorbei. Da bat das Lebkuchenweiblein den Ochsenwirt, seinen Schlitten anzuhalten. »Linus hat sich mit seinem Sohn gestritten, habe ich gehört. Deshalb war er gestern so mürrisch«, flüsterte es Ida zu. Dann kramte es eines seiner Geschirrtücher hervor und wickelte seinen allerletzten Lebkuchen hinein. »Er soll an Weihnachten nicht ohne Lebkuchen sein«, sagte es, stieg ab und legte ihm das Bündel sorgsam vor die Tür.

In der kleinen Stadt war am Weihnachtsabend noch immer die Freude zu spüren, die das Lebkuchenweiblein und Ida in den Stuben zurückgelassen hatten. Emma und Max konnten den nächsten Morgen kaum erwarten. Doch Jakob plagte das Versprechen, das er seinem Bruder gegeben hatte, immer mehr. In dieser Nacht wälzte er sich lange schlaflos hin und her. Gleich morgen früh, nach dem Aufwachen, dachte er, lege ich Max meinen Lebkuchen auf die Bettdecke. Er musste die Sache so schnell wie möglich hinter sich bringen.

Am Weihnachtsmorgen war es zunächst wie alle Jahre. Der himmlische Duft, so vertraut und so festlich, stieg in Jakobs Nase und ließ ihn im Halbschlaf lächeln. Doch dann traf ihn sein Versprechen wie der Blitz. Einen Atemzug noch, nur einen genüsslichen Atemzug noch, dann musste er aufstehen und Max seinen Lebkuchen geben. Seine Finger zitterten, als er nach dem Lebkuchen auf seiner Bettdecke griff. Was er dann entdeckte, ließ ihn mit einem Satz hochfahren: Da lagen zwei Lebkuchen. Die Mutter hatte es in diesem Jahr wohl besonders gut mit ihnen gemeint. Jetzt hatte er doch noch seinen Weihnachtslebkuchen.

Max wurde wach, als Jakob ihm den versprochenen Lebkuchen auf das Kopfkissen legte. »Vergiss unsere Abmachung!«, sagte er zu Jakob und gab ihm den Lebkuchen zurück. »Ich war ein Dummkopf!« Jakob nahm den Lebkuchen freudig entgegen, doch dann sah er, dass Max und Emma nur einen Lebkuchen geschenkt bekommen hatten.

Ob ihm die Mutter den zweiten Lebkuchen dazugelegt hatte, weil sie von seiner heimlichen Abmachung mit Max gehört hatte? Nein, ging es Jakob dann durch den Kopf, Max hatte ihr bestimmt nicht von dem Vorfall im Wald erzählt. Er hätte sich damit ja selbst verraten. Nein, die Mutter war ahnungslos.

Das Lebkuchenweiblein! Vielleicht wusste das Lebkuchenweiblein von Jakobs Versprechen, Max zehn Jahre lang seinen Weihnachtslebkuchen abzugeben. Nein, fiel Jakob dann ein, das Lebkuchenweiblein war erst viel später im Wald auf Max und ihn gestoßen.

Jakob hatte von da an jeden Weihnachtsmorgen zwei Lebkuchen auf seiner Bettdecke liegen. Jahr für Jahr. Bis die zehn Jahre vorüber waren. Er konnte dieses Rätsel nie lösen, so viel er auch darüber grübelte. Doch manchmal kam es ihm vor, als hätte das Lebkuchenweiblein schon immer Geheimnisse aus den Gesichtern lesen können. Gewundert hätte es Jakob nicht.

Heidi Knoblich, geboren in Zell im Wiesental, ist Roman- und Kinderbuchautorin, Bühnenautorin, freie Journalistin. Sie hat unter anderem das Kinderbuch „Zum Christkind auf den Feldberg – Weihnachten bei Fräulein Fanny" geschrieben, ein Weihnachtsabenteuer aus den ersten Tagen des Skisports.

Martina Mair kam in Freising zur Welt und besuchte die Berufsfachschule für Grafik und Werbung und die Akademie der Bildenden Künste in München. Sie ist dort als Künstlerin und als Kinderbuchautorin und -illustratorin tätig.

Die Handlung und die Personen dieses Buches sind frei erfunden. Jede Ähnlichkeit mit toten oder lebenden Personen ist nicht beabsichtigt und wäre rein zufällig.

1. Auflage 2016

© 2016 by Silberburg-Verlag GmbH,
Schönbuchstraße 48, D-72074 Tübingen.
Alle Rechte vorbehalten.

Umschlaggestaltung: Frank Butzer, Tübingen, unter Verwendung einer Illustration von Martina Mair, München.
Druck: Stürtz GmbH, Würzburg.
Printed in Germany.

ISBN 978-3-8425-1474-4

Besuchen Sie uns im Internet und entdecken Sie die Vielfalt unseres Verlagsprogramms:
www.silberburg.de

Ihre Meinung ist wichtig …

… für unsere Verlagsarbeit. Wir freuen uns auf Kritik und Anregungen unter:

www.silberburg.de/Meinung

Schwarzwald für Kinder

In Ihrer Buchhandlung

Stephan Voegeli
Nationalpark Schwarzwald
**Eine Entdeckungsreise für Kinder.
Mit Hu-Hugo dem Sperlingskauz**

Was hat der Häher mit dem Eichhörnchen gemeinsam? Wieso tun manche Pilze den Bäumen gut? Wozu braucht man Ameisen? Woraus machen Bienen den Tannenhonig? Diese und andere Fragen rund um den Nationalpark Schwarzwald werden in diesem Buch beantwortet. Die spannenden Informationen, interessanten Geschichten und detaillierten Bilder vermitteln spielerisch, wie einzigartig der Nationalpark ist. Immer mit dabei: Hu-Hugo der Sperlingskauz-Ranger, der die Natur, die Tiere, Pflanzen und Pilze seiner Heimat beschreibt und erklärt. Mit vielen Bastelanregungen.

*48 Seiten, zahlreiche Illustrationen, fester Einband.
ISBN 978-3-8425-1426-3*

Heidi Knoblich
Zum Christkind auf den Feldberg
**Weihnachten bei Fräulein Fanny.
Ein Weihnachtsabenteuer.
Nach einer Geschichte von Hermine Villinger.**

Bei Fanny Mayer im »Feldberger Hof« kommt wirklich das Christkind vorbei und alle stehen in Festtagskleidern um den hell erleuchteten Christbaum und singen Weihnachtslieder. Das hat Kellner Lorenz seinem achtjährigen Bruder Mathis erzählt, der noch nie einen Christbaum gesehen hat. Seitdem hat Mathis nur einen Wunsch: Er will am Heiligen Abend auf den Feldberg. Doch wie soll er es nur durch den meterhohen Schnee auf den allerhöchsten Schwarzwaldgipfel schaffen? Auf den viel zu großen Skiern seines Bruders wagt er heimlich den Aufstieg durch den eisigen Winterwind und die aufziehende Dunkelheit.

*Illustriert von Martina Mair.
48 Seiten, fester Einband. ISBN 978-3-8425-1424-9*

www.silberburg.de